간절히
그렇다고 생각하면
반드시
그렇게 된다

: 상상력의 힘으로 원하는 것들을 얻는다.

간절히 그렇다고 생각하면

삭티 거웨인 지음 · 박윤정 옮김

반드시 그렇게 된다

상상력의 힘으로 원하는 것들을 얻는다.

씽크북

〈간절히 그렇다고 생각하면 반드시 그렇게 된다〉 워크북 활용법 • 06

1부. 창조적 시각화의 기본 기법

★ 기본 기법과 이 기법들의 실행법 • 11

　– 분홍 버블 테크닉

　– 긍정화문 만들기

　– 이상적인 장면

　– 보물지도

★ 기본 기법들 실행해보기 • 22

　– 나의 이상적인 장면

　– 보물지도

　– 긍정화문 쓰기

　– 부정적인 생각 지워버리기

★ 창조적 시각화하기 • 31

2부. 목표

★ 목적을 설정하고 만끽하는 방법 • 37

　– 목적 설정 과정

　– 현재의 목표들

3부. 내면의 정화

★ 내면의 정화란? • 51

　– 기본적인 정화 과정

　– 용서와 해방을 위한 과정

★ 핵심적인 부정적 믿음 • 62

　– 핵심적인 부정적 믿음

4부. 구체적 영역들

★ 삶의 특정한 영역들에 초점을 맞추기 • 75

- 나 자신과의 관계

- 타인과의 관계

- 일, 창조성, 경제적 풍요

- 가정과 소유물

- 건강과 외모

- 레크리에이션과 여행

- 나를 둘러싼 세상

5부. 영감

★ 몇 가지 특별한 기법들 • 137

- 자부심을 가질 만한 점들

- 성공적으로 해 낸 일들

- 감사할 것들

- 자신을 소중히 여기게 만들어주는 것들

- 에너지 기부를 위한 일들

- 치유와 도움을 줄 사람들

- 창조적인 아이디어와 생각들

- 꿈 기록하기

- 영감을 불어넣어주는 구절들

- 좋아하는 긍정화문

- 워크북 일지

〈간절히 그렇다고 생각하면 반드시 그렇게 된다〉
워크북 활용법

필자의 책 〈간절히 그렇다고 생각하면 반드시 그렇게 된다〉와 함께 활용하도록 이 워크북을 만들었습니다. 아직 〈간절히 그렇다고 생각하면 반드시 그렇게 된다〉를 읽지 않았다면 먼저 이 책을 읽기 바랍니다. 물론 이 책을 구할 수 없거나 읽고 싶은 마음이 안 들어도, 워크북을 잘 활용할 수 있을 것입니다. 그러나 워크북에 실린 기법들의 근본 원리를 이해하고 싶거나 배경지식이 더 많이 필요하다고 느낀다면, 이 책을 다시 읽어보는 게 좋습니다. 참고로 〈간절히 그렇다고 생각하면 반드시 그렇게 된다 오디오 북Creative Visualization - The Complete Book on Tape〉과 이 책에 실린 긍정화문과 명상법, 기법들을 필자의 음성으로 CD에 담은 것도 있습니다.

이 워크북을 쓴 이유는 간단하고 효과적인 기법들을 쉽게 실천할 기회와 많은 예들을 제시해주기 위해서입니다. 얼마 동안 이 기법들을 실천하면서 워크북의 여백들을 다 채우고 나면, 노트북이나 바인더를 사서 워크북과 똑같이 섹션들을 만들어 자신만의 워크북을 만들어도 좋습니다. 물론 이때가 되면 자신만의 워크북을 만드는 법을 나름대로 발견하게 될 수도 있습니다.

이 워크북은 재미있게 활용하도록 만들었습니다. 그러니 너무 심각하게 접근하지는 말기 바랍니다. 그저 즐긴다는 기분으로 활용하면 됩니다. 재미도 흥미도 없을 때는 잠시 제쳐두고 다른 즐겁고 흥미로운 일을 하세요. 그러다 에너지가 샘솟으면 다시 워크북으로 돌아오면 됩니다.

1부에서는 창조적 시각화의 몇 가지 기본 기법들을 소개한 뒤, 이것들을 실천해 볼 기회를 제공하고 있습니다.

2부에서는 즐겁고 분명하게 목표를 설정할 수 있도록 돕고 있습니다. 삶의 주안점과 명료성을 높이는 데 2부가 도움이 될 것입니다.

3부에서는 부정적인 생각과 믿음체계를 파악하고 확인하고 제거하는 작업을 시작하게 도와주고 있습니다.

4부에서는 삶의 각 영역을 대상으로 몇 가지 기본 기법들을 실천할 수 있는 잠을 제공하고 있습니다.

5부에서는 자신의 직관이나 창조성에 더욱 효과적으로 접속해서 긍정적인 에너지를 만들어내게 하는 특별한 기법들을 소개하고 있습니다.

다시 강조하는데, 그저 재미나게 놀 듯 워크북을 활용하기 바랍니다. 워크북의 끝 부분에 '워크북 실행 일지' 난을 만들어 두었습니다. 원한다면, 워크북에서 무언가 중요한 작업을 했을 때마다 여기에 기록하고 칭찬의 표시로 자신에게 작은 금별을 주어도 좋습니다.

★ 몇 가지 필요한 도구들

1. 필기감이 좋은 펜이나 연필. 이런 워크북에 무언가를 적을 때 언제나 특정한 종류의 펜을 고수하는 사람들이 간혹 있습니다. 매직펜 같은 것 말입니다.

2. 보물지도나 그림을 그리는 데 쓸 컬러펜과 연필, 크레용 혹은 수채화 물감과 붓.

3. 콜라주(색종이나 사진 등의 조각들을 붙여 그림을 만드는 미술 기법. 또는 그렇게 만든 그림) 형태로 보물지도를 만들고 싶으면, 잡지를 몇 권 구해서 사진과 글자들을 오립니다.

4. 작은 금별 한 상자. 물론, 선택 사항입니다.

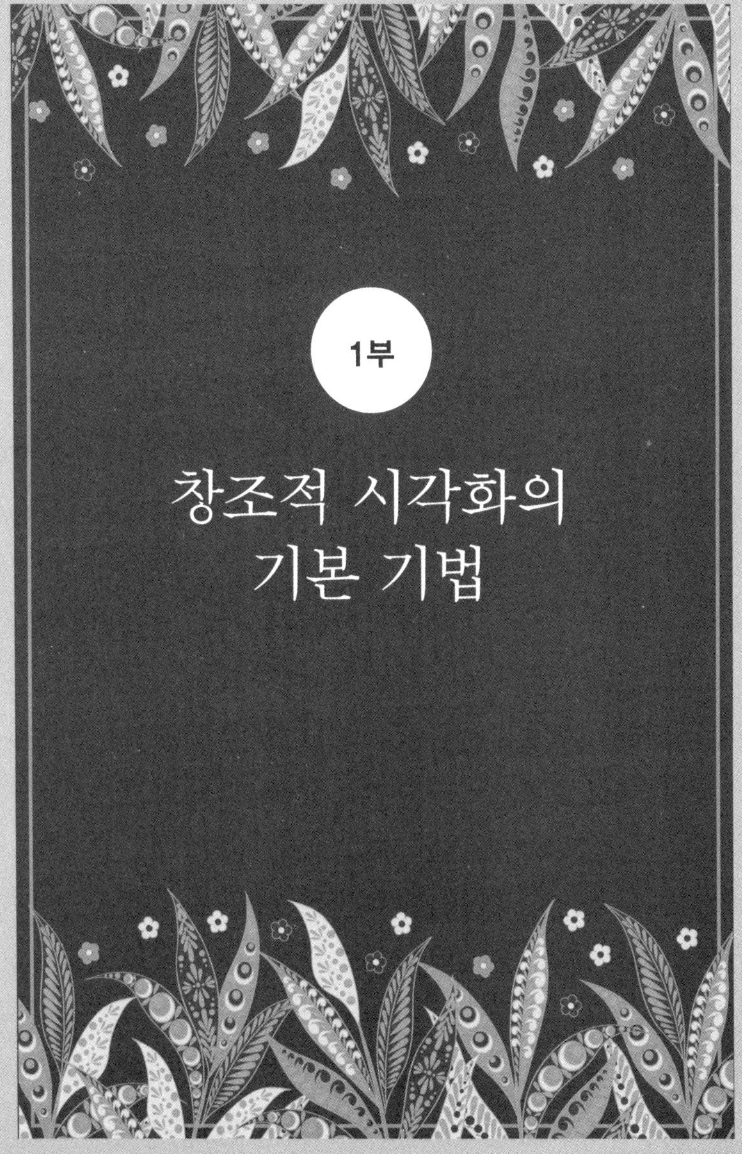

창조적 시각화의 기본 기법

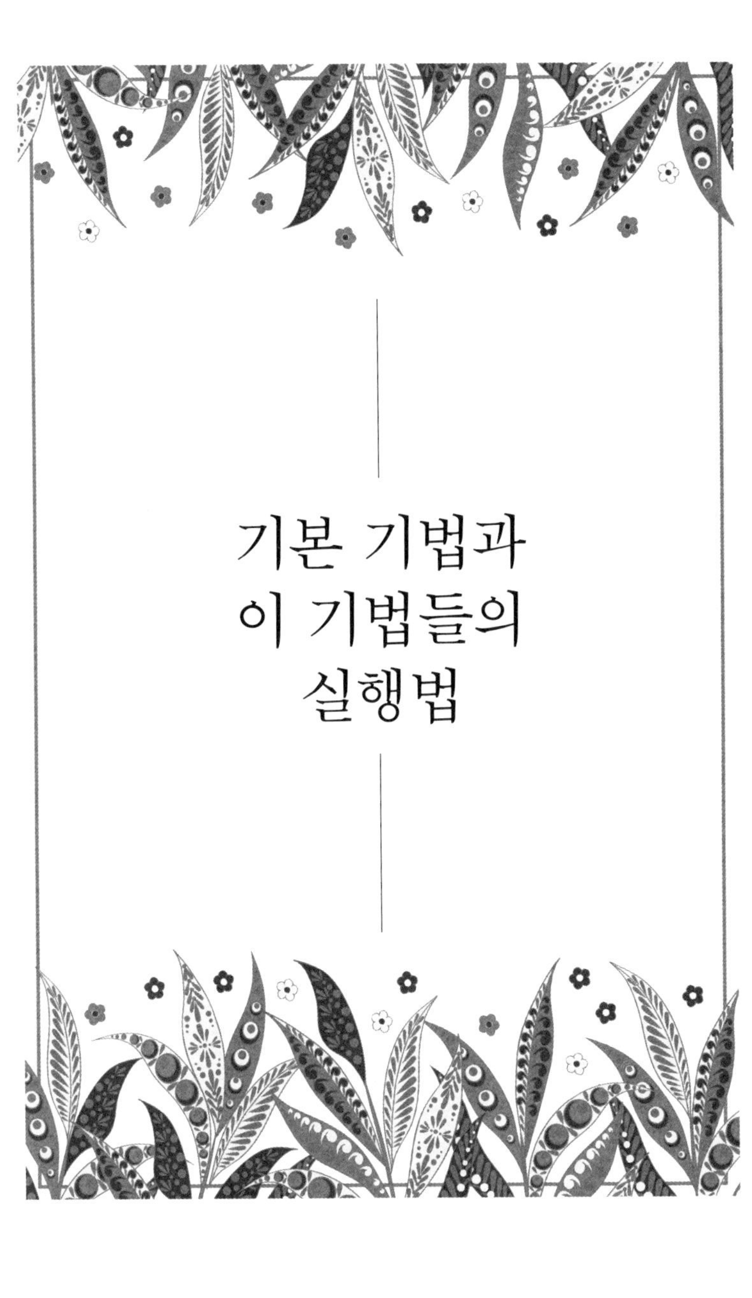

기본 기법과
이 기법들의
실행법

기본 기법과 이 기법들의 실행법

창조적 시각화의 근본 과정은 아주 간단합니다. 자신이 원하는 일이 마치 이미 일어났거나 지금 일어나고 있는 것처럼 되도록 생생하게 사실적으로 상상해서, 바람이 이루어질 때 어떤 기분이 들지 경험해보는 것입니다.

이 과정은 사실 아주 간단해서 언제든 실행해볼 수 있습니다. 두 눈을 감거나 뜨고 자신이 소망하는 목적이 이미 이루어진 것처럼 상상하면 됩니다. 이렇게 하는 데 어떤 기교도 필요 없습니다. 그러므로 궁극적으로는 매 순간의 자연스러운 사고방식이나 삶의 일부분으로 창조적 시각화를 통합시킬 수 있습니다.

창조적 시각화의 핵심에 다가가면, 창조적으로 생각하고 상상력을 긍정적으로 활용하는 일이 자연스러워집니다. 이렇게 되도록 도와주는 구체적이고도 다양한 기법들이 많이 있습니다.

이 부에서는 제가 이용하는 가장 간단하고도 효과적인 훈련법들을 소개하고, 이 방법들을 이용하는 몇 가지 지침들도 알려주겠습니다.

다음은 창조적 시각화에서 가장 기본적인 기법입니다. 모두 4단계로 이루어져 있습니다.

1. 목적을 설정한다.

"나는 더 적극적인 사람이 될 거야." 자신이 되고 싶거나, 하고 싶거나, 갖고 싶은 무언가를 정합니다.

2. 이 목적을 긍정화문으로 표현한다.

목적이 이미 실현된 것처럼 현재시제의 간단한 문장으로 만들어야 합니다. 예를 들면 이렇습니다. "나는 적극적인 사람이다."

3. 목적이 이미 이루어진 상태를 머릿속으로 그리거나 느껴본다.

보통 목적이 이미 이루어졌을 때의 상황을 그냥 가정하거나 상상해 보는 것도 좋습니다. 그러나 그런 상황이 선명하게 그려지지 않아도 걱정할 필요는 없습니다. 어떻게든 자신에게 가장 쉬운 방식으로 목적이 이루어진 상태를 그냥 느껴보거나 상상하면 됩니다.

4. 목적을 고차원적인 자기나 우주의 고차원적인 힘에게 의식적으로 맡기고 놓아버린다.

이 목적이 실현되게 만들기 위해 애써 노력할 필요는 없는 것입니다. 마음을 느긋하게 먹고, 고차원적인 힘이 내 안에서 작업을 시작하게 둡니다. 그러고 나서 그냥 하던 일을 열심히 합니다. 하지만 직관적인 충동과 암시를 따르고 성장과 변화에 열려 있어야 합니다.

다음은 창조적 시각화를 할 때 제가 즐겨 사용하는 네 가지 기법들입니다. 여러분도 쉽게 익힐 수 있을 것입니다. 원한다면 규칙적으로 실행해 보세요. 첫 번째는 명상을, 다음의 두 가지는 쓰기를, 네 번째는 그리기를 활용한 기법입니다.

분홍 버블 테크닉

이것은 위의 네 단계를 아주 간단하고 쉽게 결합한 방법입니다.

편안한 자세로 앉거나 눕습니다. 두 눈을 감고 천천히 자연스럽게 심호흡을 합니다. 몸과 마음을 서서히 더욱 깊게 이완시킵니다.

자신이 드러내고 싶은 무언가를 상상합니다. 그것이 이미 일어났다고 상상하고, 마음 속으로 가능한 분명하게 그려 봅니다. 아니면 그냥 느끼거나 지각해봅니다.

이제 마음의 눈으로, 자신의 꿈을 핑크색 버블들로 둘러쌉니다. 목표를 이 버블 안에 집어넣습니다. 분홍색은 가슴과 관련 있는 색입니다.

그러므로 여러분이 시각화하는 것을 이 색의 진동이 에워싸면, 여러분의 존재와 완벽하게 어울리는 것만 이루어질 것입니다.

이제 버블을 놓아줍니다. 나의 꿈을 담은 채 이 버블이 우주 속을 떠가는 모습을 상상합니다. 이것의 상징적인 의미는 나의 꿈을 마음에서 '놓아주는' 것입니다. 나를 위해 이 꿈을 실현시켜달라고 우주의 고차원적인 힘에게 나의 꿈을 맡기는 것입니다.

단 한 번에 완전히 놓아줄 수도 있고, 얼마 동안 규칙적으로 이 과정을 실행해야 할 수도 있습니다. 규칙적으로 이 과정을 실행하고 싶을 때는 매일 아침 눈을 떴을 때와 밤에 잠들기 전이 좋습니다.

긍정화문 만들기

어떤 것이든 바람을 긍정화문으로 작성해서 종이에 열 번이나 스무 번 연달아 써봅니다. 이름을 집어넣고, 1인칭과 2인칭, 3인칭 화법 모두로 써 봅니다. 그리고 꼭 현재시제를 씁니다. 예를 들면, 다음과 같습니다.

나, 샥티는 지금 창조적인 시각화 워크북을 끝마친다.
너, 샥티는 지금 창조적인 시각화 워크북을 끝마친다.

샥티는 지금 창조적인 시각화 워크북을 끝마친다.

단, 생각 없이 기계적으로 쓰지 말고, 단어들의 의미를 깊이 생각하면서 써야 합니다. 그리고 쓰고 있는 내용에 어떤 저항이나 의심, 부정적인 생각들이 들지는 않는지 느껴봅니다. 조금이라도 이런 것들이 느껴지면, 종이를 뒤집어서 뒷면에 부정적인 생각들을 적습니다. 이 긍정화문이 실현되지 않으리라고, 효과가 없으리라고 생각하는 이유는 뭐든 다 적어봅니다. 예를 들면 이렇습니다.

"사실 나는 충분히 착하지 않아." . . . **"난 너무 늙었어.", "이건 효과가 없을 거야."**

그런 다음 다시 긍정화문을 씁니다. 다 쓰고 나면, 종이 뒷면의 내용을 살펴봅니다. 정직하게 썼다면, 원하는 것을 얻지 못하게 스스로를 가로막는 이유를 충분히 이해하게 될 것입니다.

이 이유를 염두에 두고, 부정적인 두려움이나 믿음들에 대응하거나 '제거' 하는 데 이용할 긍정화문을 몇 개 만들어서 쓰기 시작합니다. 아니면 처음의 긍정화문이 효과적인 것처럼 여겨진다면 이것을 계속 사용하거나 더 정확하게 약간만 수정합니다.

며칠간 하루 한두 번 긍정화문을 씁니다. 자신의 부정적인 프로그램을 제대로 확인했다는 느낌이 들면, 부정적인 생각들을 글로 적는 일을 멈추고 긍정화문만 계속 적습니다.

이상적인 장면

단기적인 목적이든 장기적인 목적이든, 내게 중요한 목적을 생각합니다. 가능한 분명하게 한 문장으로 적습니다. 그 밑에 '이상적인 장면'이라고 적고, 목적이 완전히 실현됐을 때 펼쳐지기를 바라는 상황을 정확하게 묘사합니다.

이미 그런 상황이 펼쳐지고 있는 것처럼 현재시제로 상세하게 상황을 묘사합니다. 묘사가 끝나면, 그 밑에 다음과 같이 적습니다.

"이와 같거나 이보다 더 나은 상황이 정말로 만족스럽고 조화로운 방식으로 관련된 모든 사람들의 최고 행복과 나를 위해 펼쳐지고 있습니다."

그런 다음 원하는 다른 긍정화문들을 첨가한 후 서명을 합니다.

이제 심신을 이완하고 고요히 앉아, 명상 상태에서 이 이상적인 장면을 시각화하고 긍정화문을 되풀이합니다. 이상적인 장면을 적은 글을 노트나 책상, 침대 근처에 보관하거나 벽에 붙여 둡니다. 자주 읽어보면서, 필요한 부분이 보일 때마다 적절하게 수정을 합니다. 그리고 명상 중에 이 장면을 떠올립니다.

주의할 점: 이상적인 장면을 적은 글을 서랍 깊숙이 넣어둔 채 잊고 지내다가 어느 날 어쩐 일인지 이 장면이 실제로 펼쳐지고 있음을 발견하게 될 가능성도 아주 큽니다. 조금도 이것에 의식적으로 에너지를 불어넣지 않았는데도 말입니다!

보물지도

'보물지도' 만들기는 아주 강력한 기법입니다. 동시에 만드는 과정 자체도 아주 재미있습니다.

보물지도는 자신이 바라는 실제의 모습을 구체적이고 사실적으로 그린 그림입니다. 이것이 가치 있는 이유는 분명하고 뚜렷한 이미지가 목적에 에너지를 집중하고 끌어당기게 해주기 때문입니다. 건물의 설계도와 같은 역할을 해주는 것입니다.

보물지도는 실제로 선을 그리고 색칠을 해서 만들 수도 있고, 잡지나

책에서 오려낸 사진이나 낱말, 카드, 사진, 글자 등을 붙여서 만들 수도 있습니다. 예술적으로 훌륭하지 않아도 걱정할 필요는 없습니다. 어린 아이가 만든 것 같은 보물지도도 훌륭한 예술 작품 같은 보물지도 만큼 효과적입니다.

기본적으로 보물지도는 목적이 완전히 실현된 이상적인 장면 속으로 인도해주는 것이어야 합니다.

다음은 가장 효과적인 보물지도를 만드는 데 도움이 될 몇 가지 지침들입니다.

1. 보물지도를 만들 때 삶의 영역이나 목표를 한 가지만 담는다.

그래야 다른 요소들을 담으면서도 너무 복잡하지 않게 만들 수 있습니다. 더불어 하나의 보물지도에 목적들을 전부 담을 때보다 하나의 영역에 더욱 분명하고 쉽게 집중할 수 있습니다. 관계를 위한 보물지도와 직업, 영적인 성장 등을 위한 지도를 각기 따로 만드는 것입니다.

2. 지도는 자신이 보기 편하게 어떤 크기로든 만들 수 있다.

보물지도는 공책 사이에 끼워 넣을 수도 있고, 벽에 붙여둘 수도 있고, 지갑이나 호주머니 안에 넣고 다닐 수도 있습니다. 나는 보통 가벼운 판지로 보물지도를 만듭니다. 이것이 일반 종이보다 내구성이 더 좋기 때문입니다.

3. 지도 속에 꼭 자신의 모습을 집어넣는다.

사실적인 효과를 위해서 사진을 이용하는 것도 좋습니다. 아니면 자신의 모습을 그려 넣는 것도 좋습니다. 세계 여행을 하거나, 새 옷을 입거나, 새 책의 자랑스런 저자가 되거나, 고차원적인 자기에게 다가가는 것 등등 원하는 목적을 실행하거나 갖거나 되어있는 모습도 집어넣는 것입니다.

**4. 이미 그런 상황이 전개되고 있는 것처럼, 이상적이고 완전한 상황
을 보여준다.**

어떻게 이런 상황에 이르게 될지는 보여줄 필요가 없습니다. 보물지도는 이미 완성된 결과를 보여주는 것이기 때문입니다. 그러므로 부정적이거나 바람직하지 않은 것은 어떤 것도 보여줄 필요가 없습니다.

5. 의식에 미치는 영향력과 힘이 커지도록 많은 색깔을 사용한다.

**6. 현실적인 배경 속에 있는 자신을 그린다. 자신이 봐도 믿어지게 만
들어야 한다는 의미이다.**

7. 자신에게 의미와 힘이 있는 무한에 대한 상징물을 몇 개 집어넣는다.

'옴' 자나 십자가, 예수, 부처, 빛나는 태양 등 보편적인 우주 지성이나 신을 나타내는 것이면 무엇이든 좋습니다. 그러면 이것을 볼 때마다 모든 것이 무한의 근원에서 비롯된다는 것을 상기하고 인정하게 됩니다.

8. 보물지도에 긍정화문을 집어넣는다.

"나는 캠핑용 지붕이 달린 붉은 새 트럭을 운전하고 있습니다. 나는 이 차를 사랑하고, 유지비용도 충분합니다."

"이와 같거나 이보다 더 나은 상황이 정말로 만족스럽고 조화로운 방식으로 관련된 모든 사람들의 최고 행복과 나를 위해 펼쳐지고 있습니다."처럼 우주적인 내용의 긍정화문도 포함시킵니다.

보물지도를 만드는 과정은 그 자체로 목적의 실현을 향해가는 강력한 발걸음의 하나입니다. 이제 매일 몇 분 동안 조용히 보물지도를 들여다보고, 며칠에 한 번은 하루 종일 이것을 생각합니다. 필요한 것은 이것뿐입니다.

기본 기법들 실행해보기

이제 여러분 자신의 목적에 적용해볼 수 있도록 이 기법들의 실행법을 알려드리겠습니다.

먼저, 목표를 정합니다. 집이나 자동차, 일자리 등등 물질적인 차원의 목적이어도 좋고, 정서적이거나 영적인 차원의 목적이어도 좋습니다.

이를 위해 먼저 자신에게 중요한 어떤 것, 아주 실제적이고도 믿을 수 있는 어떤 것, 긍정적인 느낌이 드는 어떤 것을 선택합니다. 그런 다음 아래에 간단하고 구체적인 문장으로 그 목표를 씁니다.

★ **나의 목표는**

이제, 이 목표를 갖고 긍정화문을 만듭니다. 긍정화문은 **이미** 실현된 것처럼 **현재시제**로 써야 합니다. ("나는 ..... 을 가질 것입니다.", "나는 ... 을 하고 싶습니다." 같은 말은 쓰지 말아야 합니다. 이런 표현은 목표를 현

재가 아닌 미래의 일로 만들어버리기 때문입니다. 대신에 "지금 나는 . . . 을 갖고 있습니다."나 "지금 나는 . . . 을 하고 있습니다."와 같은 식으로 표현합니다.)

긍정화문은 되도록 짧고 단순하게 만듭니다. 긍정화문의 예를 더 보고 싶으면, 〈간절히 그렇다고 생각하면 반드시 그렇게 된다〉를 참고하면 됩니다.

★ 나의 긍정화문

이제 두 눈을 감고 몇 번 깊이 호흡을 하며 심신을 편안하게 이완시킵니다. 긍정화문을 몇 번 말하면서 그것이 지금 실현되는 모습을 상상합니다. "목적이 이루어진 상황 속에 들어가 보고" 기분이 어떤지 느껴 봅니다. 그런 다음 목적을 핑크 버블 속에 집어넣습니다. 이제 핑크 버블을 공기 중에 던져 올려 띄워 보냅니다.

이제 의식을 갖고 분명하게 말합니다.

"내 안의 고차원적인 우주적 지성에게 이것을 맡깁니다. 그가 이 목적을 실현하게 나를 이끌어 줍니다."

아니면 다음과 같은 우주적 차원의 긍정화문을 되풀이해서 말해도 좋습니다.

"이와 같거나 이보다 더 나은 상황이 지금 정말로 만족스럽고 조화로운 방식으로 관련된 모든 사람들의 최고 행복과 나를 위해 펼쳐지고 있습니다."

자, 이제는 이 특정한 목적을 위해 이상적인 장면을 묘사해 봅니다. 목적이 이미 실현된 것처럼 가능한 상세하게 현재시제로 몇 단락으로 목적을 묘사하는 글을 적습니다. 앞의 '★ 이상적인 장면'의 지시사항을 따르면 됩니다.

조금이라도 잘 안 써지면, 이 목적이 완전하게 실현된 미래의 어느 순간을 상상해 봅니다. 그리고 가장 친한 친구에게 편지를 쓰는 것처럼 상세하게 그 상황을 묘사합니다.

예를 들어, 원하는 일자리를 얻는 게 목적이라고 합시다. 그러면 이미 그 일자리를 얻은 것처럼, 일하는 장소와 하는 일, 주변 환경, 동료

직원들, 임금 등 그 이상적인 일자리를 상세하게 묘사하는 것입니다.

이상적인 장면을 다 적은 후에는 다음 쪽에 보물지도를 그립니다.(앞의 '★ 보물지도'를 참고하세요.) 여기서 명심해야 할 점이 있습니다. 마음을 편안히 먹고, 자신의 예술적 재능이 풍부하든 부족하든 놀 듯 즐겁게 그려야 한다는 것입니다. 이 작업은 재미있어야 하기 때문입니다. 그러면 효과도 더 높습니다. 또 두 쪽에 걸쳐 그리는 게 더 어울린다면, 책장을 넘겨 가로로 자유롭게 지도를 그리면 됩니다.

이 부의 마지막 쪽에서는 앞의 '★ 긍정화문 작성하기'에서 설명한 대로 긍정화문을 써보고 부정적인 생각들을 제거하는 훈련을 합니다. 이렇게 하는 사이 긍정화문이 다소 수정될 수도 있습니다. 아니면 다른 긍정화문이 더 훌륭하고 정확하며 중요하게 여겨질 수도 있습니다. 어떻든 언제나 유연하게 변화를 받아들입니다.

★ 나의 이상적인 장면

★ 보물지도

★ 보물지도 이어 그리기

★ 긍정화문 쓰기

★ 부정적인 생각 지워버리기

창조적 시각화하기

앞의 훈련들을 모두 마쳤으면, 이제 자신의 목적을 창조적으로 시각화하는 작업을 계속합니다. 원할 경우, 핑크 버블 기법을 훈련하거나 매일 아침저녁으로 명상을 할 때 긍정화문을 되풀이하거나, 얼마 동안 매일 혹은 일주일에 몇 차례 긍정화문을 쓰고 부정적인 생각들을 지워버리는 것입니다.

시각화를 하고 싶은 다른 목적들이 있을 경우에는, 각각의 목적들을 갖고 똑같은 과정을 거치면 됩니다. 그러나 창조적인 시각화를 배우기 시작할 때는 힘들지 않게 보통 한 번에 한두 가지의 목적에만 초점을 맞추는 것이 좋습니다. 그러다 보면 나중에는 한 번에 여러 개의 목적에 집중할 수도 있습니다. 아니면 간단하게 계속 한두 가지에만 집중해도 좋습니다.

에너지가 있고 시각화를 하는 것이 재미있으면, 계속 특정한 목적을 갖고 즐겁게 시각화를 하세요. 그러다 지루해지거나 맥이 빠지면, 그땐 얼마간 손을 놓는 것도 좋습니다. 놓아버리고 얼마 동안 잊고 지내다 보면, 나중에 자신도 모르는 사이 그 목적이 삶 속에서 실현되어 있는 것을 깨닫는 경우도 종종 있습니다!

사실 창조적 시각화를 이용하는 방법엔 정해진 규칙은 없습니다. 개인마다, 상황마다 다를 수 있습니다. 제가 제시한 방법들은 저의 경험을 바탕으로 한 것이 때문에, 최종적인 권한은 여러분 자신에게 있습니다. 자신에게 기분 좋고 효과적인 방법은 스스로 실험을 통해 발견해야 하며, 이런 방법은 때에 따라 달라질 수도 있습니다. 자신의 직관을 믿고 가장 적절하게 여겨지는 방식대로 하면 됩니다.

시각화 기법을 규칙적으로 실행하지 못했다고 해서 좌절감을 느끼고 자신에게 짜증을 내는 사람들이 간혹 있습니다. 실제로는 효과가 나타나고 있는데도 말입니다. 그러나 창조적 시각화를 자기비난의 또 다른 이유로 삼으면 안 됩니다! 무엇보다도 중요한 것은 자기 믿음입니다. 시각화를 규칙적으로 할 의욕이 안 생긴다면, 아마 내면의 진정한 자기만 아는 어떤 이유가 있을 것입니다.

저의 철학은 이렇습니다. 시각화를 얼마 동안 규칙적으로 하고 싶은 마음이 든다면, 그렇게 하는 것입니다. 보람이 클 것입니다. 하지만 그렇지 않아도 걱정할 필요는 없습니다. 가장 중요한 것은 자신의 삶을 창조할 책임이 자신에게 있음을 깨닫는 것이기 때문입니다. 삶의 매 순간 자신의 생각과 믿음을 더 잘 알아차리고, 자신의 실제를 자신이 어떻게 창조하는지를 잊지 않는다면, 많은 것을 성취하게 될 것입니다. 그러므로 어떤 특정한 욕망이나 문제로 인해 시각화를 하고 싶다는 마음이 든다면, 적절한 시각화 기법으로 그것을 얻도록 밀고 나가세요.

다음 부에서는 창조적 시각화의 몇 가지 까다로운 측면들을 더욱 깊이 탐구해보도록 하겠습니다.

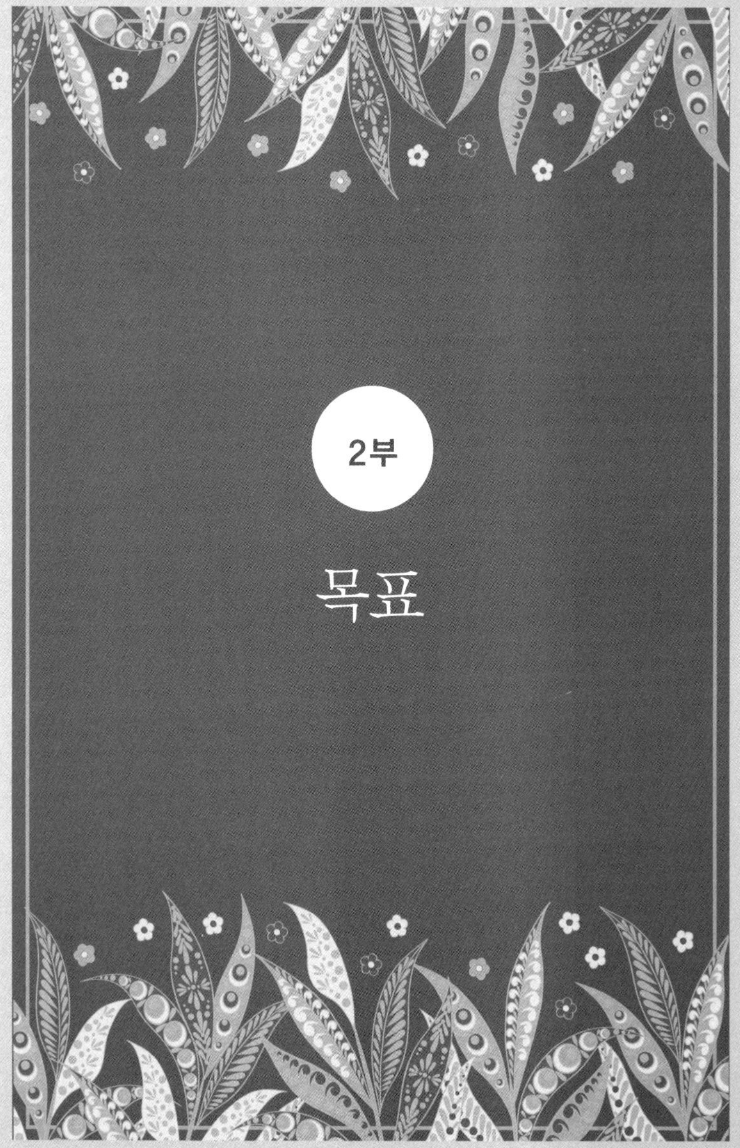
2부

목표

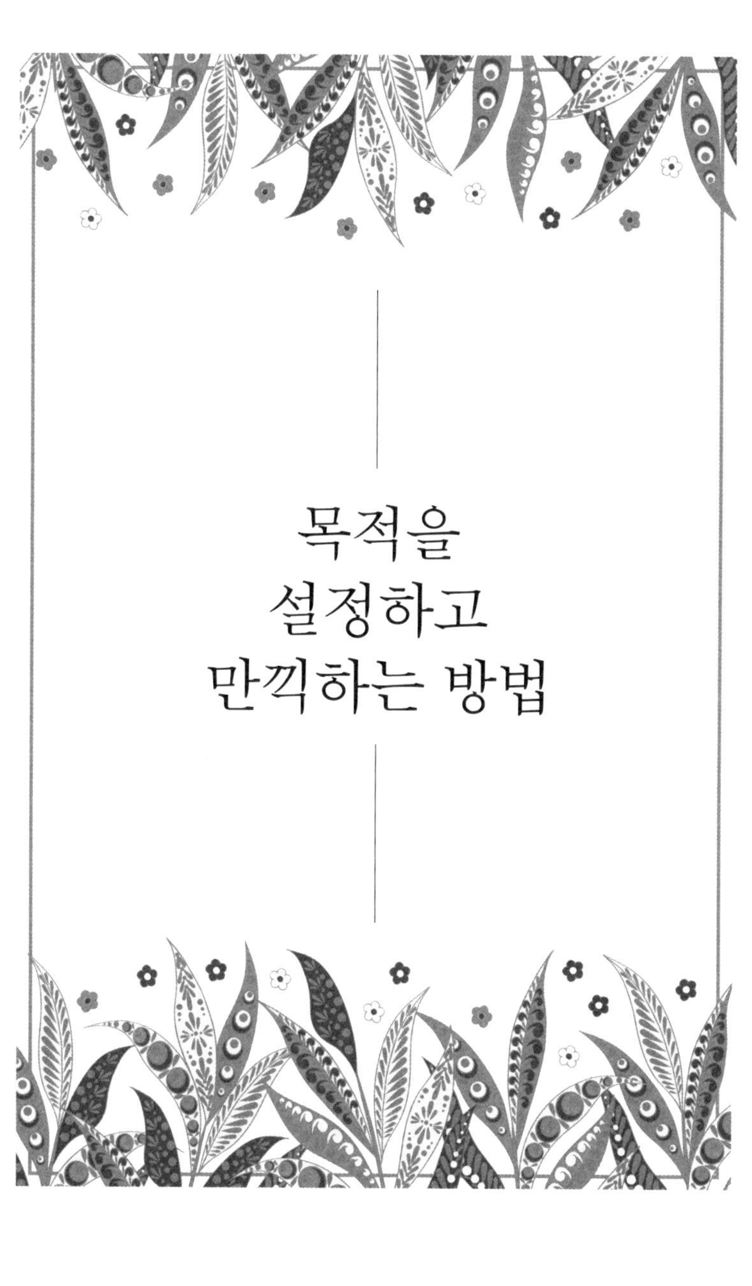

목적을
설정하고
만끽하는 방법

목적을 설정하고 만끽하는 방법

어느 면에서 볼 때, 되거나 하거나 갖고 싶은 것, 즉 욕망이 생길 때마다 목적을 하나씩 얻는 셈입니다. 개중에는 일시적인 몽상에 불과한 것들도 있지만, 다른 것들은 계속 우리 안에서 더욱 깊게 무르익습니다. 이런 욕망과 목적은 우리에게 방향과 집중점을 알려줍니다. 삶의 행동방향을 가리켜주는 것입니다.

많은 사람들이 '목적'이라는 말을 부정적인 의미로 받아들입니다. 강박이나 밀어붙이기, 자신에 대한 채찍질, 타인들과의 경쟁 같은 것들과 연관 짓는 경우가 너무 흔하기 때문입니다. 사실 목적이라는 말은 너무 많이 오용되고 있습니다. 하지만 그렇다고 해서 어떤 식으로든 목적을 갖지 않을 수는 없습니다. 목적을 갖지 않거나, 그냥 순간 속에 존재하거나, 하루 종일 명상을 하고 싶다 해도, 이것들 역시 목적입니다! 그러므로 목적을 활용하고 즐기는 편이 차라리 낫습니다.

목적을 즐기고 싶다면, 목적이 특정한 방향을 가리켜주는 표지판과 같다고 생각해 보세요. 이런 목적은 집중점을 분명하게 만들어주고 에너지를 움직이게 해줍니다. 그리고 목적지까지 가는 방식은 우리 자신에게 달려 있습니다. 오로지 목적지에 이르는 것에만 초점을 맞추고 내내 긴장한 채 걸어갈 수도 있고, 심신을 이완시키고 여정 자체를 즐길 수도 있습니다. 예기치 못한 구부러진 길이나 돌아가는 길, 모든 새로운 배움의 기회까지 한 걸음 한 걸음 음미하며 가는 것입니다.

그러니 마음이 일 때 즐겁게 목적을 정하고 실천하세요. 이렇게 했을 때 기분이 어떤지, 정말로 도움이 되는지 잘 살피세요. 이미 체계가 잘 잡혀있고 목적 지향적인 사람이어서 목적으로 도리어 자신의 삶을 통제하고 자발성을 억누르는 경향이 있다면, 얼마간 심신을 이완시키고 자발적으로 행동하는 것을 목적으로 삼는 것이 좋을 것입니다. 그러나 체계적이지 못하고 실천에 어려움을 겪고 있다면, 목적을 정하는 편이 좋습니다. 이것은 지극히 개인적인 문제입니다.

다음은 목적 설정을 위한 몇 가지 지침들입니다.

1. 단기적인 목표의 경우, 현실적으로 목표를 세운다.

목표를 너무 높게 정하면 결국 낙담하게 되고 맙니다. 첫걸음을 도달 가능한 만큼 짧게 내디뎌서 자신감을 갖는 것이 가장 좋습니다.

2. 장기적인 목표는 포괄적이고 이상적으로 정한다.

그래야 상상력을 활짝 열어젖히고 최고의 것을 향해 손을 뻗으며 영감도 얻습니다.

3. 목표의 핵심에 주로 집중한다.

세부적인 사항들은 변할 수 있으므로 크게 신경 쓰지 않습니다.

4. 강박적으로 목표에 매달리지는 않는다.

목표를 실현하기 위해서 힘들게 노력하지는 말라는 말입니다. 목표를 가볍게 받아들이고, 목표가 그만의 속도와 방식으로 실현되도록 마음 편히 둡니다. 고차원적인 자기에게 목표를 실현하도록 내맡기고 내려놓으라는 의미입니다.

5. 유연성을 갖는다.

대부분의 목표들은 종종 바뀝니다. 하지만 가장 중요한 목표들의 핵심은 언제나 같습니다. 이 핵심이 가장 고차원적인 목표에 더욱 가까이 다가가도록 인도해줄 것입니다.

목적 설정 과정

이 목적 설정 과정은 적어도 한 번은 실행하는 것이 좋습니다. 혹은 육개월이나 일년에 한 번씩 실행해서 시간이 흐르는 동안 상황이 어떻게 변했는지를 확인하는 것도 좋습니다. 그래야 자신에게 가장 중요한

것에 초점을 맞출 수 있습니다. 나아가 상상력도 발휘하고 확장시킬 수 있습니다

처음 이 과정을 실행할 때 저는 장기적인 목표를 세우는 것이 불가능할 거라고 생각했습니다.

'오년 후에 뭘 원하게 될지 어떻게 알아?'

이렇게 생각한 것입니다. 그러나 단지 재미를 위한 것이긴 했지만, 어쨌든 이 과정 덕분에 얻은 것이 참으로 많음을 깨닫고 깜짝 놀랐습니다. 그러니 이 과정을 그냥 놀며 배우는 경험 정도로 생각하고 실행해 보세요.

지침: 각 범주 밑에 그 기간 동안 가장 중요하게 성취하거나 실현하고픈 목표를 세 가지에서 열 가지씩 적습니다. 각각의 목표는 긍정화문의 형태로 적습니다. 이미 실현된 것처럼 현재시제의 완전한 문장으로 적는 것입니다. 그래야 이것을 강력한 창조적 시각화 과정으로 만들 수 있습니다. 그러므로 '나는 더 크고, 햇살도 잘 들고, 더 아름다운 아파트에서 살고 싶다.'고 적는 대신, '지금 나는 내가 좋아하는 크고 아름답고 햇살도 잘 드는 아파트에 살고 있다.'고 씁니다.

예: 앞으로 한 달 동안의 가장 중요한 목표들은 다음과 같습니다.

1. 나의 상사를 위해 작업해온 특별 프로젝트를 쉽게 성공적으로 끝
    마친다.

2. 나는 마지막 남은 빚을 갚고 예금계좌를 개설한다.

3. 나는 매일 산책을 하며 야외에서 잠깐씩 시간을 보낸다.

4. 나의 감정이나 배움과 더욱 잘 접촉해서 자신을 더 잘 표현한다.

5. 나는 첫 기타 레슨을 받는다.

6. 내 침실 옷장 안이 질서정연하게 말끔히 정리되어 있다!

한 달이나 두 달 혹은 육 개월 간의 단기 목표를 세울 때는 현실적으로 생각합니다. 아주 쉽게 이룰 수 있는 목표를 설정해야 한다는 의미입니다. 목표를 너무 높게 세우면, 아무 성과도 나타나지 않아 한두 달도 안 돼 맥이 빠져 버릴 수도 있습니다. 오년이나 십년 혹은 평생의 장기적인 목표를 세울 때는 최대한 자신의 꿈과 이상을 존중합니다.

★ 다음 달의 가장 중요한 목표들은 :

★ 다음 육개월 간의 가장 중요한 목표들은 :

★ 다음 일년 간의 가장 중요한 목표들은 :

★ 다음 이년 간의 가장 중요한 목표들은 :

★ 다음 오년 간의 가장 중요한 목표들은 :

★ 다음 십년 간의 가장 중요한 목표들은 :

★ 내 평생의 가장 중요한 목표들은 :

현재의 목표들

이것은 정기적으로 하는 것이 좋습니다. 한 달에 한 번 혹은 현재 자신에게 가장 중요한 것이나 우선적으로 역점을 두어야 할 일을 짚어보고 싶을 때 언제든 할 수 있습니다.

현재 자신의 삶에서 가장 중요한 목표들, 다시 말해 지금 당장이나 가까운 미래에 에너지를 쏟아 부을 목표들을 대여섯 가지 적어 보세요. 이 가운데는 단기적인 것도, 장기적인 것도 있을 것입니다. 하지만 이 목표들은 모두 현재 가장 확고한 생각을 갖고 있는 것들이다.

★ 현재 내 삶의 가장 중요한 목표들은 :

3부

내면의 정화

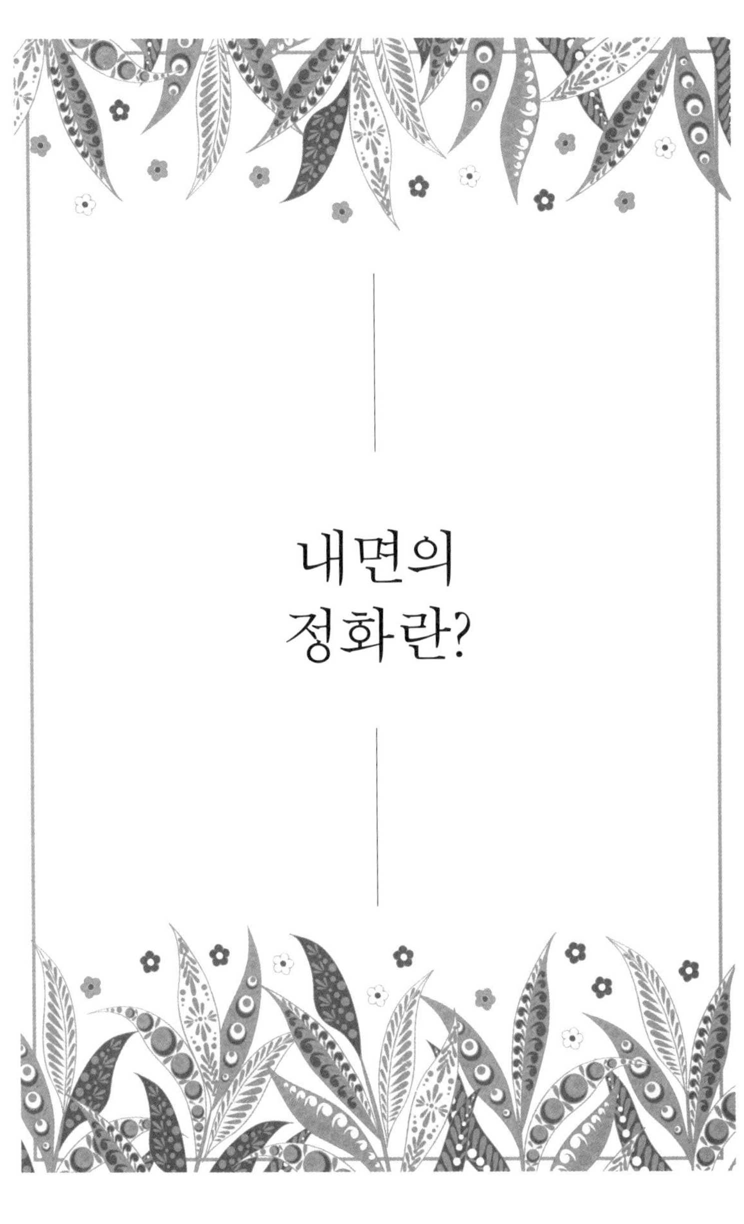

내면의
정화란?

내면의 정화란?

우주의 창조적인 힘은 언제나 우리를 통해 흐르고 싶어 합니다. 우리를 통해 무언가를 창조하고 싶어 하는 것입니다. 우리의 고차원적인 자기와 더욱 접촉하고 순수하게 정화되어 있을수록, 창조적인 에너지는 쉽게 흘러들어와 우리의 진정한 바람을 이루어줍니다. 그러려면 이 창조적인 힘이 우리의 믿음과 태도, 감정, 습관들을 뚫고 스며들어야 합니다. 부정적으로 좁게 움츠러들어 있을수록, 우리의 믿음과 양식들은 창조적인 에너지를 더욱 많이 차단하고 둔화시키며 왜곡시켜버립니다.

그러므로 정화작업—우리를 옥죄는 거짓된 믿음과 양식들을 놓아버리고 힘을 불어넣어주는 긍정적인 것들로 대체하는 과정—은 창조적 시각화에서 가장 중요한 부분의 하나입니다. 정화는 궁극적으로 몸과 감정, 정신, 영혼의 모든 차원에서 이루어져야 합니다. 심리치료나 바디워크, 마사지, 요가, 다양한 형태의 운동, 호흡, 심리치료법의 일종인 환생요법, 영적인 에너지 워크, 치유 등 정화에는 여러 가지 방법들이 있습니다. 저도 이 가운데 여러 가지를 시도해봤는데, 상당히 강력하고 중요한 과정임을 깨달았습니다. 어떤 종류의 정화법이 좋을지는 자신의 직관적인 느낌에 따라 결정하는 것이 좋습니다.

많은 정화법의 기본 원칙은 몸과 감정, 정신, 영혼 속에 억압되어 있는 모든 부정성을 알아차리고 충분히 인정해서 완전하게 풀어버리는 것입니다. 대부분의 사람들은 부정성을 무시해버리고 저절로 사라져버리기만을 기대합니다. 그러나 사실 결과는 정반대로 나타납니다. 무시하면 할수록 부정성은 더욱 많이 삶 속에 나타나는 경향이 있는 것입니다.

내면의 모든 어두운 부분들은 실제로 의식의 빛을 끌어당기는 것 같습니다. 그래야 어두운 부분들이 완전하게 정화되기 때문입니다. 내면의 어두운 부분들에 자각의 빛을 비춰 그 안에 있는 것들을 기꺼이 경험하기만 해도, 정화 혹은 청소작업이 이루어집니다. 우리가 경험하기만 해도 막혀있던 에너지가 영원히 풀어져버리는 것입니다. 그러면 긍정적인 믿음과 태도들로 이 에너지를 자유롭게 대체할 수 있습니다. 요컨대 판단하지 않고 부정적인 믿음과 양식들을 기꺼이 직시하고, 인정하고, 의식적으로 경험할수록, 이것들을 더욱 빨리 정화시킬 수 있습니다. 다음은 혼자서 할 수 있는 몇 가지 간단한 정화 방법들이다.

기본적인 정화 과정

이것은 가장 기본적인 정화 과정입니다. 어떤 목표나 바람이 방해를 받고 있다고 느껴질 때 언제든 이 방법을 이용하세요.

먼저, 자신의 목표를 긍정화문으로 서술합니다.

둘째로 "내가 원하는 것을 가질 수 없는 이유들"을 적습니다. 그런 다음 아무리 어리석고 기이하고 끔찍하고 사소한 것처럼 여겨져도, 머릿속에 떠오르는 생각들을 전부 적어봅니다. 생각할 수 있는 이유들을 최대한 많이 적는 것입니다.

예 :

목표 : 지금 내가 좋아하는 멋지고 창조적인 직업을 갖는다. 이 직업으로 한 달에 _________ 원 이상의 급료를 받는다.

내가 원하는 직업을 얻을 수 없는 이유들 :

나는 결코 성공하지 못할 것이다.

내가 정말로 무엇을 하고 싶은지 모른다.

정말로 그런 직업을 찾는다 해도, 내게는 너무 과분한 일이라 얻지 못할 것이다.

내게는 그럴 자격이 없다.

그렇게 월급을 많이 받는 게 부담스럽다.

아버지는 월급을 그렇게 많이 받아 본 적이 없다. 아버지를 무능한 사

람처럼 보이게 만들고 싶지 않다. 등등

셋째, 생각할 수 있는 이유들을 다 적은 후에는 잠시 앉아서 목록을 살펴봅니다. (혹은 그대로 두었다가 생각이 날 때마다 몇 번이고 더 첨가할 수도 있습니다.) 부정적인 생각들 중에서 자신에게 가장 강력한 영향을 미치는 것을 파악한 후, 여기에 표시를 합니다. 그런 다음 이 부정적인 생각들에 대응할 긍정화문을 적습니다. 가장 강력하게 느껴지는 긍정화문들에 초점을 맞추고, 얼마 동안 매일 처음의 목적/긍정화문과 함께 이것들을 갖고 명상을 합니다.

★ 정화를 위한 긍정화문 :

나의 고차원적인 자기가 지금 완벽한 직업으로 나를 인도하고 있습니다. 내게는 일자리를 찾아 돈을 벌 자격이 있습니다. 아버지도 나의 성공을 지지해줍니다.

다음의 두 쪽에서는 각자의 목표를 갖고 기본적인 정화작업을 합니다. 실현에 저항감이나 두려움, 의심이 드는 목표를 하나 고릅니다.

★ 나의 목표는 :

★ 내가 원하는 것을 이룰 수 없는 이유는 :

★ 정화를 위한 긍정화문:

용서와 해방을 위한 과정

★ 타인들을 용서하고 놓아주기

삶에서 나를 홀대하거나, 내게 해를 입히거나, 부당한 짓을 저지른 사람들, 내가 분노나 아픔, 화의 감정을 품었거나 품고 있는 사람들의 이름을 전부 적습니다. 각 사람들의 이름 옆에 그들이 내게 저지른 일이나 내가 그들에게 분노하는 이유를 적습니다.

두 눈을 감고 심신을 이완시킨 다음, 한 사람 한 사람 모습을 떠올리거나 상상합니다. 그들 개개인과 짧게 대화를 나누고, 내가 느낀 화나 아픔을 표현합니다. 상대로 인해 왜 속이 상했는지, 그에게 바라는 것이 무엇인지를 정확히 말합니다. 그런 후에는 이제 상대가 저지른 모든 일을 용서하고, 둘 사이에 응어리져 있는 에너지를 녹이고 풀어주기 위해 최선을 다하고 있다는 점을 알려줍니다. 마지막으로 상대에게 축복을 건네고 이렇게 말합니다.

"당신을 용서하고 놓아줍니다. 당신도 갈 길을 가시고 행복하게 사시길."

이 과정을 마친 후에는 종이 위에 이렇게 적습니다.

"이제 나는 당신들 모두를 용서하고 놓아줍니다."

★ 삶에서 내게 상처를 준 사람들 : (그들의 이름과 그들이 내게 저지른 일을 적습니다. 그런 다음 용서와 놓아주기 훈련을 합니다.)

★ 자신을 용서하고 놓아주기

이제 삶에서 내가 상처를 주었거나 부당하게 대한 것 같은 사람들의 이름을 생각나는 대로 전부 적습니다. 그리고 내가 그들에게 저지른 짓도 모두 적습니다.

다시 두 눈을 감고 심신을 편안하게 이완시킨 다음, 그들의 모습을 차례차례 떠올립니다. 그(녀)에게 나의 잘못을 말하고, 내게 용서와 축복을 보내 달라고 부탁합니다. 그런 다음 그들이 이렇게 하는 모습을 상상합니다.

이 과정을 마친 후에는 종이 아랫부분이나 전면에 "지금 여기서 나 자신과 나의 모든 죄를 영원히 용서합니다!"고 적습니다.

★ 삶에서 내가 상처를 주었던 사람들은 : (그들의 이름과 그들에게 내가

저지른 죄를 적고, 훈련을 진행합니다.)

이 과정을 마친 후에는, 놓아준다는 의미의 상징적 행위로 종이를 찢어서 멀리 던져버립니다. 아니면 종이 전면에 크게 "용서와 해방"이라고 적습니다.

핵심적인 부정적 믿음

우리의 실제는 우리 자신이 창조하는 것이므로 긍정적인 이미지와 생각들에 마음을 집중하면 더욱 긍정적인 실제를 창조할 수 있습니다. 이런 사실을 알면 사람들은 때로 자신의 부정적인 생각들에 두려움을 느낍니다. 부정적인 생각이나 아이디어를 갖고 있을 경우, 삶에서 이것들이 그대로 구현되는 것은 아닐까 겁이 나는 것입니다. 그래서 흔히 부정적인 생각들을 무시하거나 억압하고, 단호하게 긍정적인 것에만 집중하기도 합니다.

그러나 이것은 잘못된 태도입니다. 부정적인 생각들은 심층의 두려움과 부정적인 태도들을 알게 해주는 소중한 메시지들이기 때문입니다. 의식적으로 자각하면 부정적인 생각들도 실제적인 문제를 유발하지는 않습니다. 일단 인식을 하면, 정화의 과정 속에 놓이기 때문입니다.

삶에서 부정적인 경험들을 불러일으키고 원하는 것을 창조하지 못하게 가로막는 것은 우리가 의식적으로 자각하지 못한 심층의 부정적인 믿음들입니다. 그 중에서도 진짜 골칫거리는 우리의 "핵심적인 부정적 믿음들", 즉 삶과 세계, 자신과 타인에 대해 품고 있는 가장 깊고도 근본적인 기대와 가정들입니다. 이 핵심적인 부정적 믿음들이 보통 우리의 생각과 느낌에서 너무 근본적인 부분을 차지하고 있어서, 우리는 부정적 믿음들을 실제의 진정한 본질이나 '삶의 이치' 인냥 여깁니다.

깊게 뿌리박혀 있는 이 부정적 믿음들을 인식하지 못하는 한, 이것들은 실제를 창조하는 우리의 방식을 계속 지배합니다. 한 예로, 의식적으로는 풍요를 긍정화하고 시각화해도, 무의식적으로는 풍요로워질 자격이 없다거나, 풍요는 비도덕적이고 비영적인 것이라는 믿음을 갖고 있으면, 결국 풍요를 창조하지 못하게 됩니다.

그러나 이런 부정적인 생각과 걱정들을 기꺼이 인식하고 그 저변에 무엇이 있는지를 더욱 깊이 들여다보면, 이것들을 긍정적으로 활용할 수 있습니다. 자신의 핵심적인 부정적 믿음들을 자각하면, 그것들을 변화시킬 수 있는 것입니다.

이런 핵심적인 부정적 믿음들은 수없이 많으며, 누구나 자기만의 독특한 부정적 믿음들을 갖고 있습니다. 우리 문화 속에 너무 만연해 있어서 대부분의 사람들이 공통적으로 갖고 있는 것도 몇 가지 있습니다. 다음은 제가 발견한 여섯 가지의 핵심적인 부정적 믿음들인데, 개개의 믿음들 모두 다양한 변이와 부산물을 낳고 있습니다. 믿음들 밑에 정화를 위한 긍정화문도 소개해 두었습니다.

1. 나는 무력하다.

내 삶을 창조할 힘이 내게는 없습니다. 나는 외부 환경의 피해자입니다. 나는 무기력합니다. 다른 사람들은 정말 놀랍습니다. 내게 일어나는 일은 내 책임이 아닙니다.

정화를 위한 긍정화문 : 나는 우주의 창조적 힘을 받아들이는 채널입니다. 내게는 힘이 있습니다. 내 삶을 창조할 힘은 내게 있습니다.

2. 결핍

내가 원하는 것은 무엇이든, 나눌 만큼 충분하지 않습니다. 그러므로 없는 대로 지내거나, 내 몫보다 더 많이 움켜쥐어서 다른 사람들을 부족하게 지내도록 만들거나, 기회 있을 때 챙겨야 합니다.

다음은 부족하다고 느낄 몇 가지 것들입니다.

돈, 사랑, 시간, 에너지, 공간, 물건, 건강, 젊음, 생명력, 일거리, 기쁨, 섹스 등등

정화를 위한 긍정화문 : 우주는 _________ 의 원천이므로, 우주에는 나의 모든 필요를 충족시키고도 남을 만큼 있습니다. 내 삶에는 _________ 이 풍부하게 있습니다. 필요한 것들이 내게는 언제나 모두 있습니다.

3. 삶은 투쟁이다.

상황은 어렵고 삶은 고달픕니다. 편안하고 즐겁고 유쾌하고 재미있게 사는 건 쉬운 일이 아닙니다. 상황이 좋을 때는 조심해야 합니다. 무언가 안 좋은 일이 일어날 게 분명하기 때문입니다. 이 생에서 충분히 고통받으면, 다음 생에서 보상을 받을 것입니다.

정화를 위한 긍정화문 : 내면의 인도를 따를 때 삶은 자연스럽게 흘러갑니다. 삶은 충만하고 기쁨으로 가득 차 있습니다. 마음 편히 삶을 즐겨도 됩니다.

4. 나는 가치 없는 사람이다.

나는 행복과 건강, 부를 누릴 자격이 없습니다. 나는 사랑받을 자격도 없습니다. 나는 무언가 잘못돼 있습니다. 나는 충분히 멋진 사람이 아닙니다. 나는 똑똑하지도 않고, 재능도 없으며, 사랑스럽지도 않습니다.

정화를 위한 긍정화문 : 나는 자신을 사랑합니다. 나는 나 자신을 인정합니다. 나는 행복과 건강, 부를 누릴 자격이 있습니다. 나는 사랑받을만한 사람입니다.

5. 나는 실패와 성공 혹은 힘을 두려워한다.

나는 모험을 하기가 겁납니다. 실패나 성공 모두 두렵기 때문입니다.

실패하면 타인들이 나를 거부할 것이고, 성공하면 질투하거나 내게 무언가를 원할 것입니다. 그러면 나는 고립되고 말 것입니다. 나의 이미지를 유지하지 못할 것입니다. 나는 지나치게 영향력이 커질 것입니다. 그런 힘을 갖는 게 나는 두렵습니다.

정화를 위한 긍정화문 : 용기를 내서 나답게 살아가는 것은 좋은 일입니다. 타인들의 인정이 내게는 필요 없습니다. 나 자신은 내가 인정합니다. 나는 나의 힘을 믿습니다. 내가 성공하는 것은 좋은 일입니다.

6. 나는 자신을 믿지 않는다. 나는 우주를 믿지 않는다.

나의 느낌과 직관을 믿는 게 두렵습니다. 나를 보살펴 줄 고차원적인 힘이 없을까봐 두렵습니다. 내 안의 우주적 힘과 함께 살아가는 게 두렵습니다. 나의 개인적인 통제를 내려놓고 고차원적인 힘에 순응하기가 두렵습니다.

정화를 위한 긍정화문 : 나는 자신을 믿습니다. 내 안의 고차원적인 힘을 나는 믿습니다.

이 외에 다른 핵심적인 부정적 믿음들도 많이 있습니다. 마음을 열고 자신만의 부정적 믿음들을 발견하기 바랍니다.

자기 안의 핵심적인 부정적 믿음들을 깊이 인식하면 놓아버리는 작업의 99%는 이루어진 셈입니다. 완전히 제거하는 데는 얼마간 시간이 걸릴 것입니다. 하지만 이 부정적 믿음들이 나의 삶에서 어떻게 작용하고 있는지를 제대로 이해하고 느끼면, 그것들은 사라지기 시작합니다. 이때 긍정화문을 이용하면 이것들을 완전히 제거할 수 있습니다. 유용한 긍정화문을 찾으려면, 먼저 자신의 부정적 믿음들을 되도록 정확하게 한 문장으로 적어봅니다. 그런 다음 이 부정적인 믿음에 대응하고 바로잡아 줄 긍정적인 문장을 씁니다. 예를 들면 다음과 같습니다.

부정적인 믿음 : 나는 나의 힘이 두렵습니다. 누군가에게 상처를 줄까봐 두렵습니다.

정화를 위한 긍정화문 : 나는 나의 힘을 믿습니다. 힘이 있으면 나는 언제나 가장 고차원적인 이익을 위해 행동하게 됩니다.

다음 훈련은 주어진 상황에서 자신의 부정적인 믿음들을 확인하게 도와줍니다.

핵심적인 부정적 믿음을 파악하는 훈련

이 훈련은 파트너와 함께 하는 것이 가장 효과적이지만 혼자서 해도 상관없습니다. 파트너와 함께 할 때는 처음부터 끝까지 질문 한 개당

약 이삼 분씩, 한 사람이 묻고 다른 사람이 대답을 합니다. 그런 다음 역할을 바꿔서 질문을 던지고 대답합니다.

혼자서 할 때는 각 질문에 대한 답을 종이에 적거나, 자신에게 속으로 말해주거나, 시디 리코더에 녹음한 후 나중에 다시 들어볼 수도 있습니다.

잠시 고요히 앉아 두 눈을 감습니다. 이제 내 안에 있는 경험의 창조자, 책임 질 줄 아는 강력한 나의 일부분과 접촉합니다. 그리고 의식을 확장시켜 더 깊은 자각이 필요한 삶의 영역이나 문제, 구체적인 상황을 생각합니다.

이제 다음의 질문들에 답합니다.

1. 개선하고 싶은 삶의 영역이나 상황, 문제를 설명합니다. 삼사 분 동안 그것에 대해 전반적으로 이야기합니다.
2. 어떤 감정이 느껴지는가요? (두려움이나 슬픔, 화, 죄책감 등 생각이 아닌 감정을 이야기합니다.)
3. 신체적으로 어떤 감각이 느껴지는가요?
4. 어떤 부정적인 생각이나 두려움, 걱정을 안고 있는가요? (머릿속에서 어떤 테이프나 프로그램이 돌아가고 있는가요?) 삼사 분간 이 생

각들을 설명합니다.

5. 이런 상황에서 벌어질 수 있는 최악의 일은 무엇일까요? (가장 두려워하는 일은 무엇인가요?) 이 일이 일어났다고 가정해보세요. 그렇다면 일어날 수 있는 최악의 상황은 무엇일까요? 그것이 일어난다면 어떻게 될까요? 일어날 수 있는 최악의 일은 무엇일까요?

6. 일어날 수 있는 최상의 일은 무엇일까요? 그것이 일어나기를 바라는 이상적인 방식, 삶의 이 영역에서 벌어졌으면 하는 이상적인 장면을 묘사해 봅니다.

7. 이 상황에서 내가 원하는 것의 창조를 가로막는 부정적인 믿음이나 두려움은 무엇인가요? 이 질문의 답을 생각해 본 다음, 부정적인 믿음을 가능한 정확하게 한 문장으로 적습니다. 부정적인 믿음이 한 가지 이상이라면 하나씩 모두 적습니다.

8. 이 부정적인 믿음에 대응하고 바로잡을 수 있도록 정화를 위한 긍정화문을 만듭니다. 다음은 긍정화문을 만드는 몇 가지 지침들입니다.

(a) 긍정화문은 가능한 짧고 간단하며 자신에게 의미가 있는 것이어야 한다.

(b) 이미 일어나고 있는 것처럼 현재시제로 작성한다.

(c) 나의 이름을 포함시켜야 한다. 예: "나, 샥티는 가치 있는 사람이다. 나는 사랑받을만한 존재이다!"

(d) 나의 핵심적인 부정적 믿음과 직접 연관되어 있고, 부정적 믿음
을 긍정적이고 대범한 것으로 전환시켜주는 것이어야 한다.

몇 가지 예 :

부정적인 믿음 : "세상은 위험한 곳입니다. 나는 생존을 위해 투쟁해야 합니다."

긍정화문 : "나, 샥티는 지금 안전하고 멋진 세상에서 삽니다. 마음을
편안하게 먹고 스스로 즐길수록, 나는 더욱 안전해집니다."

부정적인 믿음 : "돈은 인간을 타락시킵니다."

긍정적인 믿음 : "내 삶 속으로 돈이 많이 흘러들수록, 자신과 타인들
을 위해 좋은 일을 할 수 있는 힘이 더욱 커집니다."

(e) 긍정화문은 자신에게 딱 들어맞는 것처럼 느껴져야 한다.(이런 긍
정화문은 정서적으로 강렬한 느낌을 불러일으킨다.) 들어맞지 않을
경우에는 그렇게 될 때까지 수정한다.

9. 긍정화문을 작성한 후에는
(a) 명상 중에 모든 것이 완벽하게 실현되는 모습을 그리면서 자신
에게 속으로 긍정화문을 말해 준다.
(b) 파트너가 있다면, 파트너에게 나의 눈을 깊이 들여다보면서 내
이름을 넣어 큰 소리로 긍정화문을 되풀이해 달라고 부탁한다.

파트너가 이렇게 한 후에는, "좋아, 알았어!"라고 답한다. 이런 과정을 열 번이나 열두 번 반복한다. 그런 다음 내가 나의 긍정화문을 말한 후, 파트너에게 "맞아, 사실이야!"라고 답해 달라고 부탁한다.

(c) 하루에 긍정화문을 열 번이나 스무 번 적는다. 부정적인 생각들이 일어나면, 그것을 종이 뒷면에 적는다. 그리고 생각이 분명해질 때까지 앞면에 긍정화문을 계속 적는다.

4부

구체적
영역들

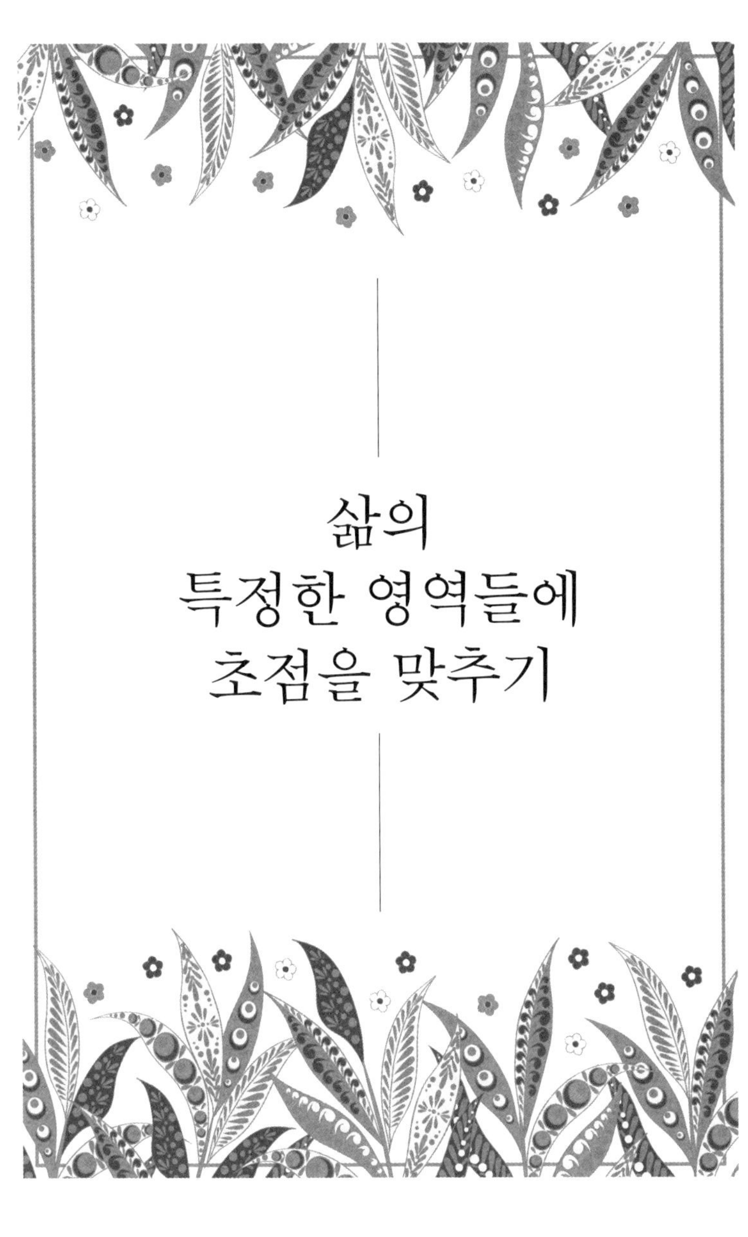

삶의
특정한 영역들에
초점을 맞추기

삶의 특정한 영역들에 초점을 맞추기

여기서는 삶의 각 영역들을 위해 기본적인 창조적 시각화법 몇 가지를 훈련할 기회를 갖게 될 것입니다. 삶의 모든 영역들에 대해서 한꺼번에 시각화를 하는 것은 좋지 않습니다. 지금 가장 중요하다고 여겨지는 한두 개의 영역만 골라서, 얼마 동안 이 영역에 집중합니다. 그런 다음 다시 돌아와서 다른 영역에 집중합니다. 삶의 영역들은 다음과 같은 범주로 나눠보았습니다.

★ 나 자신과의 관계

이 영역은 개인적인 발전과 영혼의 진화, 자기이미지, 자신에 대한 느낌, 내가 향상시키고픈 자질, 고차원적인 자기와의 관계 등과 관련되어 있습니다.

★ 타인과의 관계

이 영역에서는 내가 창조하거나 개선하고픈 특정한 관계에 초점을 맞추거나, 나의 전반적인 관계를 다룹니다.

★ 일, 창조성, 경제적 풍요

이 영역에서는 나의 주요한 일이나 창조적 표현을 다룹니다. 지금 하는 일이나 더 잘 하고픈 일, 혹은 새로운 표현법을 개발하는 것에 초점을 맞출 수도 있습니다. 또 나의 경제적인 상황을 개선하는 문제도 다룹니다.

★ 가정과 소유물

주거 공간을 바꾸거나 개선하고 싶을 경우, 혹은 새로운 주거 공간을 마련하고 싶을 경우에 이 부분을 활용합니다. 혹은 자동차나 가구, 옷 등 특별한 소유물을 손에 넣는 문제도 다룹니다.

★ 건강과 외모

자신을 치유하고, 몸의 건강을 증진시키며, 몸무게를 빼거나 늘리고, 몸을 더욱 잘 돌보고, 더욱 아름다워지는 것을 목표로 할 수도 있습니다. 이럴 때는 이 범주를 이용합니다.

★ 레크리에이션과 여행

즐거움을 위해 특별 휴가 같은 것을 창조합니다.

★ 나를 둘러싼 세상

얼마간 시간을 들여서 보다 완벽하고 진보된 세상을 시각화하는 것은 창조적이고도 즐거운 일입니다. 상상력을 이용해서 자신이 원하는 대로 상황을 변화시켜 봅니다. 물론 이 범주들에 들어가지 않는 특별한 목표들이 있을 수도 있습니다. 그런 경우에는 자유롭게 자기만의 범주를 만들어 봅니다.

각 범주마다 하나나 두세 개의 긍정화문(목표)과 이상적인 장면, 정화과정을 위한 공간을 만들어 두었으며, 보물지도와 긍정화문 쓰기(뒤편의 정화과정과 함께)를 위한 페이지도 마련해 두었습니다. 핑크 버블 명상을 하는 것도 잊지 말기 바랍니다. 그럼, 즐거운 훈련이 되시길!

★ 나 자신과의 관계

이 영역에서 지금의 내 목표는 : (긍정화문의 형태로 하나 혹은 두세 가지 써본다.)

1.

2.

3.

나 자신과의 관계를 보여주는 이상적인 장면 :

★ 나 자신과의 관계 : 정화과정

(나 자신과 원하는 관계를 창조하지 못하는 이유는)

★ 나 자신과의 관계, 정화과정 계속

★ 나 자신과의 관계 : 보물지도

★ 나 자신과의 관계, 보물지도 이어서

★ 나 자신과의 관계 : 긍정화문 쓰기

가장 강력하게 느껴지는 긍정화문을 골라 여러 번 써 봅니다. 다음 쪽
에는 부정적인 생각이나 느낌들을 떠오르는 대로 모두 적습니다. 언제
나 긍정화문을 써서 긍정적인 생각으로 끝을 맺습니다.

★ 타인(들)과의 관계

이 영역에서 지금의 내 목표는 : (긍정화문의 형태로 하나 혹은 두세 가

지 적습니다.)

1.

2.

3.

나의 이상적인 장면 :

★ 타인과의 관계, 이어서

★ 타인(들)과의 관계 : 정화과정

(내가 원하는 관계들을 맺지 못하는 이유)

부정적인 생각과 느낌들을 일어나는 대로 전부 적은 것 같으면, 이 페이지를 과감하게 찢어서 멀리 던져버립니다.

★ 타인과 나의 관계, 정화과정 이어서

★ 타인(들)과의 관계 : 보물지도

★ 타인(들)과의 관계 : 긍정화문 쓰기

가장 강력하게 느껴지는 긍정화문을 골라서 여러 번 씁니다. 종이 뒷면
에는 부정적인 생각과 감정들을 일어나는 대로 전부 적습니다. 긍정화
문을 써서 언제나 긍정적인 생각으로 끝을 맺습니다.

★ 부정적인 것들 제거하기

93

★ 일, 창조성, 경제적 풍요

이 영역에서 지금의 내 목표는 : (긍정화문의 형태로 적습니다.)

1.

2.

3.

나의 이상적인 장면 :

★ 일, 창조성, 풍요. 목표 이어서

★ 일, 창조성, 경제적 풍요: 정화 과정

내가 원하는 것을 얻지 못하는 이유들:

(부정적인 생각과 느낌들을 일어나는 대로 전부 적은 것 같으면, 이 쪽을 과감하게 찢어서 멀리 던져버립니다.)

★ 일, 창조성, 경제적 풍요, 정화과정 이어서

★ 일, 창조성, 경제적 풍요 : 보물지도

★ 일, 창조성, 경제적 풍요, 보물지도 이어서

★ 일, 창조성, 경제적 풍요 : 긍정화문 쓰기

가장 강하게 느껴지는 긍정화문을 골라 여러 번 써 봅니다. 다음 쪽에
는 부정적인 생각이나 느낌들을 떠오르는 대로 모두 적어봅니다. 언제
나 긍정화문을 써서 긍정적인 생각으로 끝을 맺습니다.

★ 부정적인 것들 제거하기

★ 가정과 소유물

이 영역에서 지금의 내 목표는 : (긍정화문의 형태로 적습니다.)

1.

2.

3.

나의 이상적인 장면 :

★ 가정과 소유물, 목표 이어서

★ 가정과 소유물 : 정화 과정

내가 원하는 것을 얻지 못하는 이유들 :

(부정적인 생각과 느낌들을 일어나는 대로 전부 적은 것 같으면, 이 쪽을 과감하게 찢어서 멀리 던져버립니다.)

★ 가정과 소유물, 정화과정 이어서

★ 가정과 소유물 : 보물지도

★ 가정과 소유물, 보물지도 이어서

★ 가정과 소유물 : 긍정화문 쓰기

가장 강력하게 느껴지는 긍정화문을 골라서 여러 번 씁니다. 종이 뒷면에는 부정적인 생각과 감정들을 일어나는 대로 전부 적습니다. 긍정화문을 써서 언제나 긍정적인 생각으로 끝을 맺습니다.

★ 부정적인 것들 제거하기

★ 건강과 외모:

이 영역에서 지금의 내 목표는 : (긍정화문의 형태로 적습니다.)

1.

2.

3.

나의 이상적인 장면 :

★ 건강과 외모 이어서

★ 건강과 외모 : 정화과정

내가 원하는 것들을 얻지 못하는 이유들:

★ 건강과 외모 : 보물지도

★ 건강과 외모, 보물지도 이어서

★ 건강과 외모: 긍정화문 쓰기

가장 강하게 느껴지는 긍정화문을 골라 여러 번 써 봅니다. 다음 쪽에는 부정적인 생각이나 느낌들을 떠오르는 대로 모두 적어봅니다. 언제나 긍정화문을 써서 긍정적인 생각으로 끝을 맺습니다.

★ 부정적인 것들 제거하기

★ 레크리에이션과 여행

이 영역에서 지금의 내 목표는 : (긍정화문의 형태로 적습니다.)

1.

2.

3.

나의 이상적인 장면 :

★ 레크리에이션과 여행, 목적 이어서

★ 레크리에이션과 여행 : 정화 과정

내가 원하는 것들을 얻지 못하는 이유들 :

(부정적인 생각과 느낌들을 일어나는 대로 전부 적은 것 같으면, 이 쪽을 과감하게 찢어서 멀리 던져버립니다.)

★ 레크리에이션과 여행, 정화과정 이어서

★ 레크리에이션과 여행, 보물지도 이어서

★ 레크리에이션과 여행 : 긍정화문 쓰기

가장 강하게 느껴지는 긍정화문을 골라 여러 번 써 봅니다. 다음 쪽에는 부정적인 생각이나 느낌들을 떠오르는 대로 모두 적어봅니다. 언제나 긍정화문을 써서 긍정적인 생각으로 끝을 맺습니다.

★ 부정적인 것들 제거하기

★ 나를 둘러싼 세상

이 영역에서 지금의 내 목표는 : (긍정화문의 형태로 적습니다.)

1.

2.

3.

나의 이상적인 장면 :

★ 나를 둘러싼 세상 : 정화과정

세상이 이런 식으로 변화하지 않는 이유들 :

____

____

____

____

____

____

____

____

____

____

____

(부정적인 생각과 느낌들을 일어나는 대로 전부 적은 것 같으면, 이 쪽을 과감하게 찢어서 멀리 던져버립니다.)

★ 나를 둘러싼 세상: 보물지도

★ 나를 둘러싼 세상 : 긍정화문 쓰기

가장 강력하게 느껴지는 긍정화문을 골라 여러 번 써 봅니다. 다음 쪽에는 부정적인 생각이나 느낌들을 떠오르는 대로 모두 적어봅니다. 언제나 긍정화문을 써서 긍정적인 생각으로 끝을 맺습니다.

★ 부정적인 것들 제거하기

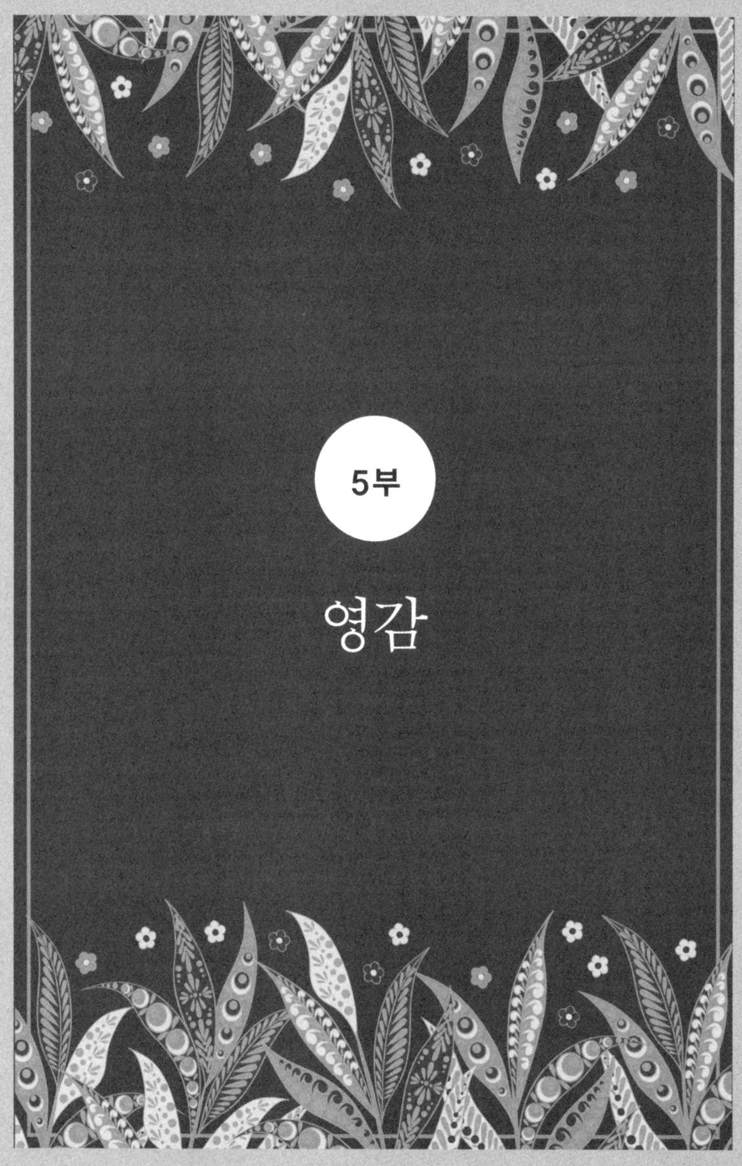

5부

영감

몇 가지
특별한
기법들

몇 가지 특별한 기법들

여기서는 "긍정적 에너지"를 부여하는 다섯 가지 항목들로 시작됩니다. 먼저 각 항목마다 몇 가지 요소들을 적습니다. 그런 다음 이 워크북을 이용할 때마다 각 항목들을 읽으면서 새로운 요소(들)을 첨가합니다.

이런 항목들을 만드는 이유는 여러분과 여러분의 삶에 주의를 기울이고 그 진가를 인정하게 하기 위해서입니다. 이 과정을 거치면, 긍정적인 에너지가 흐르면서 자동적으로 자신의 창조성에도 마음을 열게 됩니다.

이 부의 다른 항목들은 원할 때나 적절하다고 느낄 때 언제든지 활용합니다. 예를 들어, 꿈을 기록하는 난은 매일 아침 눈을 떴을 때나 가끔 특별히 중요한 꿈이 기억났을 때 활용합니다.

자부심을 가질 만한 점들

작은 것이든 큰 것이든 스스로 마음에 드는 점들, 자신의 긍정적인 자질이라고 생각되는 점들을 적어봅니다. 우리 개개인에게는 여러 가지 긍정적인 자질들이 있습니다. 그러나 일부러 시간을 들여서 이런 점들을 인정하거나 느껴보는 일은 흔치 않습니다. 자신을 좋게 느끼고 인정해줄수록 더욱 행복하고 사랑스러운 사람이 되며, 창조적인 에너지도 더 많이 흘러서 세상에 훨씬 큰 기여를 하게 되는데 말입니다.

자신의 몸과 인격, 성격, 사람들과 관계 맺는 방식, 지능, 영혼의 본질 등과 관련해서 마음에 드는 점들을 생각해 봅니다. 우스꽝스럽다는 생각이 들어도, 이런 점을 모두 적어봅니다. 이것은 아주 중요한 훈련입니다. 보태고 싶은 것이 생각나면 언제든 첨가합니다.

예 :

1. 내 눈은 아름답다.

2. 나는 정직하고 솔직하다.

3. 감수성이 풍부하다.

4. 기억력이 좋다.

5. 타인들에게 좋은 친구가 되어 준다.

6. 나의 다리와 발이 마음에 든다.

7. 나는 매우 열정적인 사람이다.

등등

★ 나 자신에 대해서 마음에 드는 점들 :

1.

2.

3.

4.

5.

6.

7.

8.

9.

10.

11.

12.

★ 나 자신에 대해서 마음에 드는 점, 이어서

성공적으로 해 낸 일들

작은 일이든 큰 일이든 자신이 잘 한다고 생각되는 일이나, 잘 해온 일, 삶의 어느 시기에 잘 했던 일들을 전부 적습니다. 일을 포함해서 삶의 모든 영역을 포함합니다. 다른 사람에게는 그렇지 않더라도 내게 의미가 있는 것이라면 모두 적습니다.

이 항목을 작성하는 이유는 자신과 자신의 능력을 인정하기 위해서입니다. 그러면 에너지가 증가하면서 더욱 많은 것을 창조하고 성취할 수 있습니다. 매일 무언가 성공적으로 해 낸 것이 있을 때마다 언제든 여기에 첨가합니다.

예 :

1. 나는 훌륭한 요리사이다.

2. 나는 카펫 세탁 사업체를 성공적으로 개업했다.

3. 나는 이탈리아어로 말하는 법을 배웠다.

4. 나는 20명의 아이들이 출연하는 무용 공연에서 안무와 연출을 해냈다.

5. 나는 여덟 살 때 자전거 타는 법을 배웠다.

6. 나는 열여섯 살에 첫 번째 직업으로 식료품 배달 일을 했다.

7. 나는 전자공학 과정을 성공적으로 마쳤다.

8. 나는 집 안에 선반을 만들었다.

9. 오늘 나의 룸메이트에게 나의 느낌들을 분명하고도 솔직하게 표현
   할 수 있었다.

등등

★ 내가 성공적으로 해 낸 일들 :

감사할 것들

특별히 감사한 것이나 삶에서 소중히 여기는 것들을 생각나는 대로 모두 적습니다. 목록을 만들고 첨가하다 보면 진정으로 가슴이 열릴 것입니다. 그러면 삶에서 자신이 이미 창조해낸 많은 것들, 당연하게 받아들였던 많은 것들을 다시 인식하게 됩니다. 더불어 모든 차원에서 번영과 풍요에 대한 인식이 높아져서 이것들을 구현할 수 있는 능력도 커집니다.

예 :

내가 감사하는 것들 :

1. 나의 친구들

2. 나의 아이들

3. 집 근처 해변이나 언덕에서 경험할 수 있는 아름다운 자연

4. 나의 자각력을 키우고 증가시킬 수 있었던 기회들

5. 락 음악과 춤추러 가기

등등

★ 삶에서 감사하거나 소중하게 여기는 것들 :

1.

2.

3.

4.

5.

6.

7.

8.

9.

10.

11.

12.

13.

자신을 소중히 여기게 만들어주는 것들

자신에게 해주면 좋을 일들, 즐거움과 만족감을 위해서 자신에게 해줄 수 있는 멋진 일들을 전부 적어 봅니다. 작은 일이든 큰 일이든, 매일의 일과 속에 이 중 몇 가지를 집어넣고 실제로 합니다. 그러면 행복과 만족감이 높아지고, 이로 인해 내면 깊은 곳에서부터 자신의 삶을 창조하게 됩니다. 새로운 것이 생각날 때마다 이 목록에 첨가합니다.

예 :

자기 사랑을 위해 해주면 좋은 일들 :

1. 뜨거운 물속에 푹 몸 담그기

2. 춤추러 가기!

3. 매일 몇 분간 고요히 심신을 이완시키기

4. 마사지 받기

5. 영양가 만점의 맛있는 음식 먹기

6. 내게 새 스카프를 선물하기

7. 새 타이프라이터 사주기

8. 마이클과 얼마간 시간 보내기

등등

★ 자기 사랑을 위해 해주면 좋은 일들 :

1.

2.

3.

4.

5.

6.

7.

8.

9.

10.

11.

12.

13.

에너지 기부를 위한 일들

전체적으로든 특정인을 위해서든, 주변의 타인들과 세상을 위해 나의 에너지를 흘려보낼 수 있는 방법들을 전부 적습니다. 돈과 시간, 사랑, 애정, 감사의 마음, 신체적 에너지, 우정, 접촉, 나만의 특별한 재능과 능력 등을 보태줄 수 있는 방법들을 모두 적는 것입니다. 마음이 일 때 실제로 이 일들을 실천하고, 새로운 방법이 생각나면 목록에 첨가합니다.

예:

타인들과(이나) 세상을 위해 나의 에너지를 보탤 수 있는 방법들:

1. 발 마사지 해주기

2. 아버지에게 전화하기

3. 짐에게 새 카메라 사용법 가르쳐주기

4. 누군가에게 점심 대접하기

5. 친구나 가족들에게 말로 감사의 마음을 더 많이 표현하기

6. 갤러리들에 나의 사진들을 기증하기 (빼는 것이?)

7. 가족들에게 저녁 요리 해주기

등등

★ 타인들과(이나) 세상을 위해 나의 에너지를 보탤 수 있는 방법들

1.

2.

3.

4.

5.

6.

7.

8.

9.

10.

11.

12.

13.

치유와 도움을 줄 사람들

어떤 식으로든 치유나 특별한 지지 혹은 도움이 필요한 사람들의 이름을 모두 적습니다. 그런 다음 이름 밑에다 그들이 창조하도록 도와주고 싶은 현실을 긍정화문으로 묘사합니다. 그러면 노트를 들춰볼 때마다 그들에게 나의 긍정적인 에너지를 보태줄 수 있습니다. 그러나 이 에너지로 무엇을 할지는 그들이 결정할 문제입니다. 가장 좋을 것 같은 방식으로 지지해줄 뿐, 그들에게 영향력을 행사하거나 통제해서는 안 되기 때문입니다.

예 :

- 이름 : 존 존스
- 긍정화문 : 존 존스는 지금 월급을 많이 받으면서 그가 사랑하는 일을 하고 있습니다.

- 이름 : 엘시 밀러
- 긍정화문: 엘시는 행복하고 광채가 날 정도로 건강합니다.

- 이름 : 카렌 스미스
- 긍정화문: 카렌의 내면은 평화롭고 편안합니다. 그녀는 매일 자신을 더욱 사랑하고 있습니다.

★ 특별히 사랑과 지지를 보내고픈 사람들

이름 :

긍정화문 :

이름 :

긍정화문 :

이름 :

긍정화문 :

이름 :

긍정화문 :

이름 :

긍정화문 :

이름 :

긍정화문 :

창조적인 아이디어와 생각들

이 특별한 난에는 창조적인 아이디어와 꿈, 생각들을 언제든 떠오르는 대로 적습니다. 완전하거나 앞뒤가 잘 들어맞는 것들이 아니어도 좋습니다. 직관적으로 떠오르는 영감이나 번뜩이는 사소한 아이디어들을 살펴보기 위해 기록하는 것일 뿐이기 때문입니다. 그러므로 이 일은 너무 진지하게 생각하지 않아도 됩니다. 또 이 난에 적을 것이 아무 것도 없어도 걱정할 필요는 없습니다.

예 :

5/15 오늘 편안하게 긴장을 풀고 있는데, 갑자기 내 사업을 시작하면 좋겠다는 생각이 들었습니다. 멋진 기기와 화초들이 즐비한 아름다운 사무실에서 직원과 함께 있는 내 모습이 보였습니다. 내가 하는 일은 컨설팅 직종의 일 같았습니다.

6/3 노래 강습을 받고 싶다는 생각이 들기 시작했습니다!

6/18 명상 중에 독수리처럼 생긴 커다란 새를 보았습니다. 그 새가 내게 선물을 물어다 주었습니다. 우주가 내게 축복을 내려주는 것 같았습니다.

★ 창조적인 아이디어와 생각들, 이어서

꿈 기록하기

꿈은 직관적인 의식의 문을 여는 강력한 열쇠와 같습니다. 그러므로 꿈을 기록하는 일은 매우 의미있고 재미있는 작업이 될 수 있습니다. 밤에 잠이 들기 전 자신에게 이렇게 말합니다.

"눈을 떴을 때 적어도 한 가지는 꿈을 선명하게 기억할 것입니다."

그리고 밤중이나 아침에 잠에서 깨어나자마자 통째로든 파편적으로든 기억나는 꿈이 있는지 점검합니다. 있으면 그 즉시 기록을 시작합니다. 그러다 보면 종종 상세한 내용이나 정보들이 더 많이 떠오르기도 합니다. 기록을 마친 후에는 자신이 생각하는 꿈의 의미와 직관적인 의식이 내게 전하려는 메시지도 적어봅니다.

★ 꿈 기록하기, 이어서

★ 꿈 기록하기, 이어서

영감을 불어넣어주는 구절들

이 난에는 좋아하는 책이나 노래, 시에서 특별히 영감을 불어넣어주거나 도움이 되는 구절들을 적습니다. 원한다면, 강연이나 수업을 들을 때도 이 워크북을 가져가서 기억해 두고 싶은 특별한 구절을 받아 적어둡니다.

★ 영감을 불어넣어주는 구절들, 이어서

좋아하는 긍정확문

긍정확문을 만들다가 특별히 마음에 들거나 강력한 긍정확문이 생각나면 이곳에 적어 둡니다. 아니면 〈간절히 그렇다고 생각하면 반드시 그렇게 된다〉나 다른 책들에서 좋아하는 긍정확문을 찾아 여기에 적어 두어도 좋습니다.

워크북 일지

이 난에는 워크북을 갖고 훈련한 날짜와 훈련 내용을 기록합니다. 원할 때마다 별 모양의 작은 금딱지로 자신에게 상을 주는 것도 재미있을 것입니다.

날짜	오늘의 훈련 내용	금별

날짜	오늘의 훈련 내용	급별

날짜	오늘의 훈련 내용	금별

날짜	오늘의 훈련 내용	금별

날짜	오늘의 훈련 내용	금별

날짜	오늘의 훈련 내용	금별

<table>
<tr><th>날짜</th><th>오늘의 훈련 내용</th><th>급별</th></tr>
</table>

날짜	오늘의 훈련 내용	금별

날짜	오늘의 훈련 내용	금별

날짜	오늘의 훈련 내용	금별

날짜	오늘의 훈련 내용	금별

날짜	오늘의 훈련 내용	금별

날짜	오늘의 훈련 내용	급별

날짜	오늘의 훈련 내용	금별

워크북
간절히 그렇다고 생각하면
반드시 그렇게 된다

1판 1쇄 발행 2016년 1월 10일
지은이 삭티 거웨인 **옮긴이** 박윤정 **펴낸곳** 북씽크 **펴낸이** 강나루
주 소 서울시 성동구 행당동 192-29 성동샤르망 1019호 **전 화** 070-7808-5465
등록번호 제206-86-53244
ISBN 978-89-97827-75-6 **이메일** bookthink2@naver.com
Copyright ⓒ 2016 삭티 거웨인

＊잘못된 책은 구입처에서 교환해 드립니다